GUERRE DE 1870

SES CONSÉQUENCES

GUERRE DE 1870

SES CONSÉQUENCES

QUEL GOUVERNEMENT

la France se donnera-t-elle?

PAR M. D'AIGUY

CONSEILLER A LA COUR D'APPEL DE LYON
AUTEUR DE PLUSIEURS OUVRAGES

FÉLIX GIRARD, LIBRAIRE ÉDITEUR

LYON	PARIS
Rue St-Dominique, 6	Rue Cassette, 30

1871

GUERRE DE 1870

SES CONSÉQUENCES

QUEL GOUVERNEMENT

la France se donnera-t-elle ?

Les hommes sont frères !... tel est le cri qui s'échappe de toutes les âmes. Ces belles paroles, l'antiquité païenne elle-même les prononça. En les répétant, le Christ leur imprima le sceau de son caractère divin. Impuissantes avant lui, elles semblent l'être toujours. Qui oserait affirmer qu'on se soit moins entr'égorgé depuis son sublime sacrifice? A peine une lutte finit-elle qu'une autre commence. N'y a-t-il donc pas de remède aux fureurs humaines? Pour les expliquer, on invoque la différence des races, comme si les peuples qu'on dit de même race n'en offraient pas le terrible spectacle !

On sait d'où sont venues les diverses populations de l'Europe. Scythes, Germains, Gaulois ont eu la même origine, et depuis, le sang gaulois ne s'est-il pas mêlé au sang des autres peuples comme celui-ci s'est mêlé au sang gaulois?

De ces grandes colères, de ces flots de sang versés, de ces dévastations, de ces ruines fumantes que revient-il au pauvre peuple? Quelques chefs peuvent y trouver ce qu'on a appelé, ce qu'on appelle encore la gloire! ont pu y trouver un nom, un sceptre! Mais lui, mais ses fils qu'y gagnent-ils lorsqu'ils rentrent mutilés dans leurs chaumières? Eternel instrument de ses aveugles conducteurs, il en est l'éternelle victime. Les siècles passent sans rien changer à cet état de choses. Que dis-je? il faut que l'humanité, emportée par des sentiments qui ne sont pas les siens, mais qu'elle subit comme une loi fatale, se déchire les entrailles avec une rage, un acharnement dont on ne vit pas d'exemple dans le passé pourtant si lamentable!

Avant même que l'épouvantable lutte à laquelle nous assistons ait cessé, je veux répandre ici les impressions de mon âme. Sûr de ma sincérité et de mon amour pour mes semblables, je veux en appeler à l'Europe impassible devant ces massacres, non pour exciter sa vaine pitié pour mon infortunée patrie, mais pour qu'elle apprenne à réfléchir sur les conséquences que peuvent avoir pour elle ces affreux événements, si elle ne sait pas en prévoir le retour.

J'esquisserai d'abord l'histoire de ce royaume de Prusse devenu tout à coup si puissant; j'examinerai ensuite quelles ont été les causes de cette horrible guerre ; quel en a été le caractère ; quelles en ont été les phases ; quelles en seront les conséquences ; enfin quel moyen la sagesse des nations pourrait prendre pour empêcher la paix d'être désormais troublée ?

I

Entre la Baltique, la Pologne, la Samogitie, la Lithuanie, la Poméranie et le Brandebourg s'étend un pays ignoré de l'antiquité, obscur jusqu'au moyen âge, et dont le nom, qui devait être celui d'un grand empire, lui fut apporté par des aventuriers venus du fond de la Scythie, appelés *Borussiens*. Il venait d'être pillé et abandonné par les Goths lorsque ces barbares s'y fixèrent. En 1140, les habitants s'étant rendus redoutables au duc de Mazovie dont ils infestaient les terres, celui-ci appela à son secours les chevaliers de l'Ordre Teutonique, qui domptèrent les Prussiens et les convertirent au christianisme. Ces mêmes chevaliers tournèrent plus tard leurs armes contre la Pologne. Cette guerre se termina par un accord entre les Polonais et le margrave de Brandebourg, grand-maître de l'Ordre, qui renonça à ses vœux, embrassa le luthéranisme, se maria et partagea la Prusse, à condition que ce qu'il en retenait serait une principauté séculière érigée en duché, transmissible à ses successeurs. De là la Prusse polonaise et la Prusse ducale.

Nous n'avons pas à pénétrer dans les éléments si compliqués du vaste corps germanique. Gouverné par des souverains indépendants l'un de l'autre, électeurs ou non électeurs, sous la présidence plutôt que sous l'autorité d'un chef appelé empereur; mélange confus d'aristocratie féodale, de démocratie oligarchique et se mouvant non sans peine à travers les mille prérogatives de princes rivaux, il n'était pas facile de s'y frayer un chemin pour arriver à la puissance. Néanmoins l'usurpation était attachée aux flancs inquiets de cette hiérarchie incohérente, et à tous ses degrés régnaient d'ardentes convoitises surexcitées par les préséances et le rigoureux respect des priviléges. On peut dire que le plus modeste des officiers du Saint-Empire était le burgrave. On appelait ainsi les officiers à qui était confiée la défense d'une ville ou d'un château. Ils n'étaient pas tous sur le même pied. Il y en avait qui remplissaient certaines fonctions de magistrature; d'autres rendaient la justice en matière criminelle, d'autres en matière civile, au nom de l'empereur ou de ceux qui les avaient institués. Par la suite l'office de burgrave devint héréditaire, et même ceux qui en étaient revêtus se sont rendus la plupart souverains des villes dont ils n'étaient que les gardiens.

En 1415, un Frédéric de Hohenzollern était burgrave de Nuremberg. Tout porte à croire qu'il n'en avait pas la souveraineté, puisque cette petite ville n'appartint jamais et n'appartient pas encore à ses descendants. C'était donc un simple officier. Quoi qu'il en soit, à cette époque il acheta de l'empereur Sigismond le margraviat de Brandebourg, auquel était attachée une des sept voix électorales. On est en droit de se demander avec quelles ressources il put se rendre acquéreur de cette importante principauté, de laquelle, depuis la possession qu'en avait eue le grand-maître de l'Ordre Teutonique, dépendait la Prusse ducale. D'étranges et secrètes compromissions s'accomplissaient alors dans la politique. Y aurait-il quelque témérité à supposer qu'on n'attendait pas toujours la mort d'un empereur pour préparer les voies d'une nouvelle élection, et qu'avant même que sa succession fût ouverte on avait fait choix de son héritier? Ce fut l'origine de la fortune des Hohenzollern.

Il ne faut pas méconnaître la vigoureuse sève de cette tige qui allait grandir en Europe. Ses représentants successifs furent tous animés d'une grande soif d'agrandissement et d'influence. Aucun ne faillit à sa tâche, et il ne s'en trouva pas un assez ordinaire pour ne pas soutenir l'œuvre commencée. Aussi marcha-t-elle de progrès en progrès. Doués de facultés supérieures, ils traitèrent l'affaire de leur prospérité et de leur prépondérance sans scrupule .pour les moyens à mettre en usage, et avec une ténacité et une résolution extraordinaires. Beaucoup furent célèbres : l'un fut surnommé *Dent de fer;* un autre, avec quelque exagération sans doute, *l'Ulysse et l'Achille du Nord;* un autre, *le Cicéron;* un autre, *le Nestor.* Par intrigue ou par succession, ils devinrent possesseurs de plusieurs provinces disséminées au nord, au midi, à l'ouest, comptant bien se rendre maîtres plus tard des provinces intermédiaires. Ainsi, de 1640 à 1688, leur maison s'élève au dessus des autres maisons princières de l'Empire. La religion ne fut pas étrangère à ce rapide essor. Il se fit au souffle du luthéranisme d'abord embrassé avec ardeur, ensuite à celui du calvinisme, et, lorsque celui-ci se refroidit, le premier enfla de nouveau et pour toujours la voile de leur ambition.

Frédéric-Guillaume, dit *le Grand-Electeur,* que l'on considère comme le véritable fondateur de la monarchie prussienne, songea le premier à obtenir le titre de roi. En 1648, ce prince gagna Magdebourg sur l'Elbe, Halberstadt, Minden sur le Weser et Gammin, à l'embouchure de l'Oder, avec la Poméranie ultérieure, le long de la Baltique, depuis l'Oder jusqu'au golfe de Dantzig. En 1657, il se sert de son armée pour intervenir dans la guerre allumée entre la Suède et la Pologne, trahit l'une et l'autre, et par le traité de Weslau affranchit la Prusse ducale de la suprématie polonaise. Il se rend absolu dans ses petits États comme Louis XIV dans les siens; attire des colons de la Hollande et de la Frise pour les peupler, fait creuser des canaux, fonde un comptoir en Guinée, rêve une compagnie de commerce africain; se mêle en même temps à tous les événements de l'Europe, dénonce à l'Allemagne les projets du grand roi, prend la défense des Pays-Bas, gagne sur les Suédois alliés de la France la bataille de Fehrbellin et leur enlève une partie de la Poméranie antérieure. Il ne fut arrêté dans ses hardies entreprises que par l'Autriche s'inquiétant de voir poindre sur l'Oder un nouveau roi *des Vandales*. Aussi, à la paix de Nimègue, en 1678, fut-il obligé de restituer toutes ses conquêtes. Mais sachant profiter de la paix comme de la guerre, en 1685, il peupla de réfugiés français la ville de Berlin, qui, en 1650, ne comptait guère plus de 6,500 habitants. Il fut le fondateur de la bibliothèque et du château de Potsdam.

Son fils lui succéda en 1688. Son premier soin fut de défendre l'unité de l'électorat contre ses frères. En 1701, il acheta de l'empereur, au prix de six millions, le titre de roi, que, selon quelques écrivains, l'empereur Léopold, ayant besoin de se faire un parti puissant en Europe pour empêcher l'effet du testament de Charles II, roi d'Espagne, lui octroya pour l'attacher à sa maison et à ses intérêts (1).

(1) Voyez l'Encyclopédie au mot *Prusse*.

« Ainsi un duché souverain, un petit pays étranger à l'Allemagne devenait un royaume ! L'électorat de Brandebourg et les autres domaines allemands restaient toujours dans la dépendance de l'Empire. Ce titre pour une province pauvre et lointaine n'avait semblé d'aucune conséquence aux ministres autrichiens, embarrassés dans une guerre contre les Turcs et près d'entrer dans celle de la succession d'Espagne. Eugène seul comprit que cette royauté nouvelle, absolue, chercherait à joindre ses provinces disséminées, et serait un obstacle à la grandeur de l'Autriche (1). »

Ce prince d'ailleurs marcha sur les traces de son père. Celui-ci avait voulu être absolu comme Louis XIV, il voulut être aussi magnifique. Il favorisa les lettres et les arts, créa l'université de Halle, l'une des plus renommées de l'Allemagne, et l'académie de Berlin, qui eut Leibnitz pour président. S'il fut Frédéric III comme margrave, il fut Frédéric Ier comme roi. Il s'agrandit sur le Rhin de plusieurs provinces, et se fit élire en Suisse prince de Neuchâtel et de Valengin par les Etats du pays.

Le second roi de Prusse, Frédéric-Guillaume Ier, est l'une des plus curieuses et des plus étranges figures de l'histoire. Il fut l'opposé de ses prédécesseurs, mais l'artisan fiévreux de la gloire de ses successeurs. Bien qu'il n'eût pas l'âme guerrière, il

(1) Duruy.

sacrifia tout à l'armée, jusqu'à l'argent consacré à l'entretien de la bibliothèque. Il ressemblait à ces avares qui se privent de tout pour enrichir leur héritier. Il préparait pour ceux qui viendraient après lui la gloire militaire qu'il ne voulait pas pour lui-même. Il n'y eut plus de faste sous son règne. Le travail, l'austérité des mœurs, l'économie la mieux entendue si elle n'eût pas été trop sévère, telles furent les lois qu'il imposa à ses sujets et à lui-même. De la Prusse tout entière il fit un arsenal, une caserne, un camp. Tout le monde y fut soldat, et comme de ces trésors de force il n'entendait pas se servir lui-même, il se laissait braver, insulter presque dans la personne de ses ministres par des voisins d'autant plus courageux à cela qu'ils le savaient pacifique. Le roi sergent, ainsi que l'appelait le roi d'Angleterre, eut la prudence de ne jamais prendre le commandement de son armée, qu'il n'aurait pas voulu d'ailleurs confier à d'autres. Il semblait craindre d'ébrécher ces *colonnes de granit* où figuraient de superbes grenadiers qu'il se procurait au prix fabuleux de trois mille écus chaque, ce qui a fait dire à son fils : « Les bons citoyens avaient tous le cœur ulcéré du peu d'égards que les puissances avaient pour le feu roi, surtout dans les dernières années de son règne, et de la flétrissure que le monde imprimait au nom prussien (1). »

(1) *Histoire de mon temps*, par Frédéric le Grand.

Depuis trente ans son armée était commandée par le prince d'Anhalt-Dessau qui l'avait formée. Si l'on veut rechercher l'origine de la discipline des armées prussiennes, qu'on lise ce passage de l'*Histoire de mon temps* : « Le prince d'Anhalt, qu'on peut appeler un *mécanicien* militaire, introduisit la baguette de fer. Il mit les bataillons à trois hommes de hauteur, et le défunt roi par ses soins infinis introduisit une discipline et un ordre merveilleux dans les troupes et une précision jusque là inconnue en Europe pour les mouvements et les manœuvres. Un bataillon prussien devint une batterie ambulante dont la vitesse et la charge triplait le feu et donnait aux Prussiens l'avantage d'un contre trois. Les autres nations imitèrent depuis les Prussiens, mais imparfaitement. »

Quoique circonspect, ce prince n'était pas moins ambitieux que ceux qui l'avaient précédé. Il avait constamment les yeux ouverts sur la carte d'Europe, sur ses États dispersés, sur la nécessité urgente de les réunir, tâche difficile qu'il était de son devoir d'indiquer d'un doigt persévérant à ses successeurs. L'idée du funeste partage de la Pologne que devait accomplir son héritier prit naissance dans ses rêves d'unification. Cette langue de terre polonaise aboutissant à la Baltique et qui séparait le margraviat de la Prusse ducale devenue un royaume, le préoccupait sans cesse. Il en insinua la pensée à ses puissants voisins en flattant leur intérêt. En même temps, sans la dessiner autrement que par des intrigues, il fit une opposition constante à la France, qu'il aurait voulu écarter de toute immixtion dans les affaires de l'Empire.

De cette race d'hommes tous appliqués, tous supérieurs, tous voués au même but, devait sortir un capitaine, qui fut Frédéric II. Quoi qu'on en ait dit, le génie n'est le fruit de la patience que dans certaines branches où on ne saurait marcher que pas à pas. Mais dans d'autres où tout doit être spontané et où il faut commander à la fortune, le génie est une inspiration. Littérateur, artiste, ce prince, qui jusque là n'avait vécu qu'avec des philosophes, devint tout d'un coup un guerrier, un stratégiste habile. Il ne délibère pas, il ne tâtonne pas, il dédaigne les tortueux chemins de la diplomatie. Son royaume n'ayant que deux millions trois cent mille âmes et se trouvant trop étroit, il veut l'agrandir. D'un bond, sans déclaration de guerre aucune, il fond sur la Silésie, dont il s'empare au bout de quelques jours. Pour s'en assurer l'injuste possession, il s'allie avec la France qu'il trahit sitôt que son intérêt le lui conseille, devient l'allié de Marie-Thérèse pour obtenir l'abandon de la riche province dont il l'a dépouillée, redevient l'allié de la France qu'il trahit de nouveau et qu'il bat à Rosbach ; lutte contre presque toute l'Europe, est défait à son tour, touche à deux doigts de sa perte, se relève, trouve des ressources inespérées, s'élève au rang des grands capitaines, et asseoit son royaume au sein de l'Europe étonnée sur des bases non moins solides que glorieuses !

Ainsi, de 1701 à 1761, ce royaume infime, presque inaperçu à la première de ces dates, à la seconde, et grâce à sa force militaire, montait au rang de puissance de premier ordre, alors que sa population était moindre que celle de la Bavière, moindre que celle du Piémont ; alors que l'Italie, livrée aux querelles de l'Autriche et de la France, disparaissait dans le morcellement et la conquête ; alors que l'Espagne, si grande deux siècles auparavant, se laissait choir, malgré sa population de dix-huit millions d'âmes, au rang de puissance de second ordre. Certes, c'était une chose merveilleuse, bien extraordinaire, et, disons-le, qui témoignait surtout de l'abaissement de l'Europe.

La Prusse n'entendait pas être inactive dans le concert européen où elle venait d'entrer. La grande Révolution française éclate ; la Prusse marche contre elle avec les vieilles bandes et les lieutenants de Frédéric, qu'à Valmy défont nos conscrits républicains. Dès ce moment elle devient l'âme de toutes les coalitions formées contre nous, tout en ayant l'air de se recueillir. L'Empire sort plein de gloire de ces coalitions vaincues. D'autres leur succèdent. L'Autriche et la Russie sont tour à tour humiliées. Déconcertée,

la Prusse recherche l'amitié de ces puissances, tout
en cultivant celle de la France et de l'Angleterre, qui,
renfermée dans son île, contemple d'un œil jaloux
les désastres du continent. Elle négocie tantôt avec
l'une, tantôt avec l'autre, la cession du Hanovre, se
compromet successivement avec chacune d'elles, et
par suite d'un malentendu resté une énigme, se
prétendant trahie par la France, dépose enfin le
masque, et déclare audacieusement la guerre à cette
dernière après avoir toutefois encouru le mépris de
toutes les cours par ses fluctuations et ses astuces.
On sait ce qui advint. Son armée réputée invincible
fut dispersée comme la paille que le vent emporte.
Trois semaines suffirent pour qu'il ne lui restât pas un
soldat et que toutes ses villes ouvrissent leurs portes
au vainqueur. Un moment éclipsée, elle consentit,
pour sauver son existence, à entrer dans l'orbite
impériale et à marcher sous nos aigles dans la
fameuse campagne de Russie, où elle attendit nos
malheurs pour souffler cette prétendue guerre de l'indépendance qui devait être un si grand leurre pour
l'Allemagne tout entière. L'une des premières, elle
envahit la France ; l'une des premières, elle reprit les
armes contre nous en 1815 et partagea à Waterloo
les lauriers de la Grande-Bretagne.

Mais le doigt de Dieu plus que la main de l'homme
s'était montré dans cette bataille à jamais mémo-
rable. Une pareille gloire ne pouvait effacer la honte

de 1806. Les hommes qui gouvernent ce pays ont un esprit pratique qui les fait se défier de la précipitation comme des lenteurs du temps. Ils savent attendre l'occasion comme ils savent la brusquer. Depuis cette époque ils ont constamment sur pied une armée de 500,000 hommes ! L'Allemagne, la confiante Allemagne ne s'en est jamais inquiétée. La Prusse ne faisait-elle pas partie de la Confédération ? n'en était-elle pas le premier soldat? qu'avait-elle à craindre d'elle ? L'Europe de son côté la laissait faire. Que risquait-elle? L'œil ouvert sur les peuples, les rois se donnaient la main pour étouffer leurs aspirations. Il ne s'agissait pas de conquérir, mais de conserver. Ayant devant elle l'Autriche, au dessus d'elle la Russie, la Prusse semblait contenue par ces deux colosses. Celle-ci cependant grandissait en silence, répandant partout l'idée de l'unité, comme autrefois, pour soulever les Allemands contre l'ennemi commun, elle avait semé celle de l'indépendance. Ayant profité de l'une, elle devait profiter de l'autre. Mais comment faire pour sortir du chaos germanique sans blesser de jalouses susceptibilités, sans irriter les droits les plus anciens? Il fallait recourir à la force. C'est ainsi que le conflit danois fut inventé, et que l'on vit la grande puissance autrichienne se laisser entraîner par son perfide confédéré à une guerre injuste contre cet humble mais héroïque peuple. Elle devait cruellement expier sa complicité ou sa faiblesse. Poursuivant obstinément son plan, la Prusse, en 1866, cherche querelle à l'Autriche et la blesse mortellement à Sadowa. Le traité de Prague, si plein de réticences et de menaces, en fut la suite.

Nous ne finirons pas ce court aperçu sans dire la cause de ces choses si rapidement accomplies. Elles sont dues à la fermeté inébranlable du roi Guillaume dans son gouvernement. Il eut à lutter contre les dispositions pacifiques de son pays, devenues une habitude par cinquante années de paix. Deux fois, dans la dernière période de dix ans, le parlement lui refusa des subsides pour entretenir l'armée sur le pied formidable où elle était, et deux fois il brisa ces résistances irréfléchies. Il connaissait son peuple soumis par nature à ses chefs, incapable de comprendre, plus incapable encore de faire une révolution pour la revendication de ses franchises. Tandis qu'en France la violence royale eût chaque fois ouvert un abîme, en Prusse, chacun céda sans murmurer à la volonté souveraine.

II

Dans cette analyse, nous ne nous sommes arrêté au conflit autrichien que pour ne pas anticiper sur les causes du conflit français. Quelles furent ces causes ? Pour ne pas les confondre, il faut se rappeler qu'il n'est pas né avec l'Allemagne, et que, bien que celle-ci se soit rangée sous les étendards de la Prusse, elle est pourtant étrangère à ces causes qui sont nombreuses. A considérer leur ensemble, à se laisser pénétrer surtout par la vivacité de quelques unes, on serait tenté de croire qu'elles ne sont que d'hier, qu'elles ont été pour ainsi dire fatales, et que chacune des parties belligérantes a été victime d'un entraînement aveugle ou d'un faux point d'honneur. Elles ne sont générales ou particulières qu'en apparence. Principales ou antérieures, occasionnelles ou immédiates, il y en a une qui les domine toutes : c'est l'ambition de la Prusse.

Il y a en Prusse trois classes bien distinctes : la classe de la noblesse, composant le parti militaire ; la classe éclairée, composant le parti libéral, et la classe du peuple, instrument de puissance extérieure, de guerre. Disons un mot de l'une et de l'autre en commençant par la dernière.

Elle sait lire et écrire ; mais naturellement étrangère à tout mouvement intellectuel, elle conserve ses mœurs douces et patriarcales qui la laissent ce qu'elle était il y a deux mille ans, stationnaire, immobile, superstitieusement dévouée à ses chefs, ne comprenant ni le droit, ni le besoin d'une résistance quelconque à un acte d'oppression, et se complaisant dans sa servitude morale, fruit de son éternelle apathie.

La classe éclairée jette au dehors un vif éclat. Adonnée aux sciences et aux arts, elle participe. activement au progrès des idées dans le monde. Bien qu'elle n'en soit qu'une faible partie, elle est l'Allemagne pour l'Europe, où la voix de ses journaux et de ses philosophes a un grand retentissement. Jusqu'ici elle n'a eu qu'une influence limitée sur l'opinion du pays. Pleine de patriotisme d'ailleurs, les intérêts de l'humanité et ceux de la justice ne lui font pas oublier qu'elle est allemande, et elle applaudit volontiers aux usurpations et aux coupables hardiesses de son gouvernement.

La classe de la noblesse est la plus puissante. Elle remplit la cour et domine partout avec fracas. Amie des lumières pour elle-même, elle en est l'ennemie pour les autres dont elle craint l'indépendance. Indigente, elle n'en est que plus fière de ses titres. Son épée est sa fortune, et son épée ne serait rien sans la guerre à prévoir ou à faire. Aussi les ténèbres sont-elles ses auxiliaires ; car du jour où les armées permanentes disparaîtraient, n'ayant d'autre ressource que les armes, elle descendrait de son rang. Vaine, arrogante, hautaine, sans pitié, elle a peine à considérer les simples soldats comme des êtres humains, ce que confirme ce remarquable passage :

« La chimère de la naissance est un mérite d'opinion qui ouvre en Allemagne le chemin de la fortune et des honneurs. Les comtes et les barons se regardent comme des intelligences sublimes et privilégiées. Leur vanité leur fait croire que la nature n'a employé qu'une sale argile pour former le vulgaire des hommes, et qu'elle a réservé le limon le plus précieux pour composer ceux de leur espèce (1). »

C'est ce parti qui en 1806 poussa le roi et la cour à une guerre si désastreuse. Il allait criant partout que la France avait pu vaincre facilement des Autrichiens qui n'étaient pas des soldats, des Russes qui ne savaient pas se battre, mais qu'il n'en serait pas ainsi de l'*armée prussienne, forte, vaillante, la première du monde !* Foudroyé à Iéna, son orgueil nourrit, depuis cette époque néfaste, un ressentiment que ses derniers triomphes ont beaucoup de peine à apaiser, ce qui n'est peut-être pas sans raison, ainsi que nous le verrons tout à l'heure. Quoi qu'il en soit, c'est ce parti qui gouverne. Son unique occupation est la guerre. Si la Prusse n'était pas animée de l'esprit de conquête, pourquoi entretenait-elle une armée en si grande disproportion avec sa population de dix-sept millions d'habitants ? Etait-ce pour garder ses étroites frontières qui de la Baltique s'en vont respectées vers le Rhin ? A qui en voulait-elle ?

Pour arriver à ses fins il lui fallait briser le faisceau des forces confédérées, tentative qui devait

____

(1) Encyclopédie, au mot *Allemagne.*

rencontrer l'Autriche d'un côté, la France de l'autre. L'idée de combattre ces puissances n'est sans doute pas née tout de suite dans l'esprit de la Prusse. Elle ne pouvait savoir comment ni quand pourraient s'engendrer ces querelles. Mais elle savait qu'elles auraient lieu un jour et s'y préparait instinctivement, satisfaite de voir que ni l'une ni l'autre ne soupçonnait ses perfides projets. Son ambition a donc été la cause première, nécessaire, de cette effroyable guerre avec la France comme elle l'avait été de la guerre avec l'Autriche. L'unité commencée à Sadowa, l'exécution du traité qui en fut la suite, l'incident Hohenzollern lui-même n'en ont été que les causes secondes, occasionnelles, accidentelles.

Tout semble avoir été fait pour l'unité ! C'est pour elle que sont tombés les remparts de Düppel ! pour elle qu'on a combattu à Sadowa ! pour elle que la France a été envahie !... Mais cette unité, chose nouvelle pour le peuple allemand, qui jusque là, ainsi qu'en témoigne la longue existence du Saint-Empire, avait toujours été confédéré, cette unité telle qu'il la rêvait, telle qu'il la voulait, telle qu'elle devrait être, ne pouvait convenir à l'autonomie ambitieuse et jalouse de la Prusse, toute pleine de ses destinées et de son avenir. Elle en eût été le tombeau. La Prusse ne la comprit qu'asservie à son sceptre. Aussi n'a-t-elle été pour elle qu'un prétexte pour marcher à la réalisation de ses desseins. Quoi qu'on fasse, on reste dans les liens de la confédération sous un monarque, non plus éligible, mais de droit divin. Unité et confédération se repoussent ; là où il y a confédération, il n'y a point d'unité ; et là où il y a unité, la confédération ne se comprend plus.

Quant au traité de Prague, défendant à la Prusse de franchir la ligne du Mein, son exécution, ou plutôt sa violation projetée, ne pouvait amener qu'une éclatante rupture.

L'incident Hohenzollern ayant été la cause soudaine de la guerre mérite une attention particulière.

Dans la vie privée, on dit proverbialement : « On ne trompe personne ! » Croit-on qu'il en soit autrement dans les rapports entre nations, entre gouvernements? Il est un autre dicton non moins ancien, non moins généralement reçu : *Fecit cui prodest.* « Celui-là a fait qui en profite ! » De la Prusse ou de la France, laquelle de ces deux puissances désirait la guerre, avait besoin de la guerre?

Rentré dans les voies constitutionnelles, le gouvernement français ne pouvait élargir le cadre de ses armées sans le concours du Corps législatif. S'il avait voulu rompre avec son redoutable voisin, le chef de l'Etat eût-il attendu que le monde allemand, emporté par le sentiment de l'unité, fût prêt à faire cause commune avec l'insidieux promoteur de cette unité?

N'eût-il pas choisi son heure, profité de sa toute-puissance, profité du prestige qui l'entourait dans les premières années de son règne ? Le souvenir de Waterloo ne pouvait inspirer, à cinquante ans de date, la pensée de laver un affront effacé par le temps et disparu sous les lauriers d'Italie et de Crimée. Convoiter les bords du Rhin, vieux thème de quelques journalistes depuis longtemps répudié de la nation, n'était pas moins inadmissible par celui qui avait si solennellement proclamé le principe des nationalités, et qui, au moment d'entrer en campagne contre la Prusse, déclarait à l'Europe qu'aucune ambition de territoire ne lui faisait tirer l'épée du fourreau !

Il n'en était pas de même de la Prusse : arrêtée dans son œuvre, elle était travaillée par des idées de guerre et d'ambition. L'unité ne s'achevait pas, des résistances se manifestaient parmi les Etats du Sud, et tandis qu'il était de l'intérêt de la France de la laisser se débattre au milieu de ces tiraillements, de ces complications, la Prusse comprenait à merveille qu'un conflit extérieur rallierait autour d'elle tous les dissidents, et qu'unis dans la guerre, les peuples allemands le seraient dans la paix. Dès ce moment la presse d'outre-Rhin, comme si elle eût obéi à un mot d'ordre, devint de plus en plus provocante, et le cabinet de Berlin saisit la moindre occasion de contrarier celui des Tuileries. Grâce à une intervention

dévouée, l'affaire du Luxembourg ne laissa d'autre
suite que de faire appréhender aux esprits attentifs
une autre et prochaine cause de conflit. En effet,
deux ans s'étaient à peine écoulés qu'au grand étonnement de l'Europe, on entend tout à coup parler
de la candidature d'un prince de Hohenzollern au
trône d'Espagne ! Que nous voulait la Prusse par ce
choix déjà précédemment discuté dans les chancelle-
ries, et qu'elle savait devoir profondément nous dé-
plaire? Quel pouvait être son but? N'était-il pas d'é-
veiller nos susceptibilités? C'était donc une rupture
qu'elle cherchait, certaine qu'à bout de patience
nous accepterions enfin ses persévérants défis.

Quelle qu'ait été la conduite du gouvernement
français dans cette circonstance, pour tout homme
impartial, désintéressé, la provocation de la Prusse
se trouve souverainement démontrée.

Le reste ne regarde que la France... Qu'il eût été
plus sage de se croire satisfait par la renonciation du
prince de Hohenzollern ; plus prudent de fermer les
yeux sur la prétendue injure qu'on lui aurait faite
dans la personne de son ambassadeur ; plus habile de
chercher une alliance avant que de se jeter dans les
hasards d'une guerre terrible dont on pouvait pressentir toutes les conséquences ; c'est ce qui n'est dou-
teux pour personne. Au reste, le retard de Napoléon
à se rendre à son quartier-général, le retard plus si-
gnificatif qu'il mit à commencer ces fatales hostilités

prouvent que déjà de sérieuses réflexions lui faisaient regretter sa téméraire précipitation. Mais il était trop tard! trop tard, hélas! et, forcé de se résigner à ce que lui réservait l'implacable destin, il dut se dire tristement à lui-même : *Alea jacta est.*

III

Mais quel a été le caractère de cette guerre?

Comme il était facile de le prévoir dès les premiers combats, les rôles étaient changés, et de la défensive la Prusse passait à l'offensive résolue, c'est-à-dire à l'invasion de la France. C'est volontairement et avec réflexion que nous disons la Prusse. Auteur de cette guerre dont depuis des années elle couvait le dessein au fond de son orgueil blessé, à sa soif d'ambition se mêlait un besoin de représailles demi-séculaire. L'œuvre de l'unité allait lui fournir une occasion sûre de satisfaire l'un et l'autre, et comme elle avait, par suite de traités arrachés ou surpris aux Etats secondaires, le commandement suprême des armées, l'Allemagne, commandée par des officiers prussiens, marchant sous leurs ordres, n'a été qu'un instrument, qu'un auxiliaire; de telle sorte que si celle-ci a eu sa part de gloire comme combattant, la Prusse, aux yeux de l'histoire, aura seule la gloire de l'entreprise, dont, il faut en convenir, tout le système d'attaque et de défense lui appartient. On manquerait toutefois de justice si l'on faisait peser également sur l'une et sur l'autre la responsabilité des actes accomplis sous leurs pas sanglants. Conduit par les chefs prussiens, subissant la même influence guerrière, entraîné par l'esprit d'excitation et de licence qu'il est si facile d'inculquer en pays occupé ou conquis, le soldat allemand ne saurait être jugé avec la même rigueur. S'il est coupable de s'être trop abandonné à ces actes, il doit, à raison de ces circonstances, trouver une sorte d'indulgence dans les cœurs justes et réfléchis. Il ne nous semble pas qu'à aucune autre époque l'Allemagne soit tombée dans de pareils excès, tandis que de toutes les puissances qui, en 1814 et 1815, envahirent la France, la Prusse fut la seule qui se distingua par sa barbarie au point de mériter les sévères paroles du généralissime Wellington. La violence et la spoliation sont d'ailleurs le propre de cette puissance. On n'a pas oublié qu'en 1866, à l'approche de ses troupes, l'effroi était général chez les peuples allemands qu'elles traversaient.

Quoi qu'il en soit, pour légitimer ce qu'on avait impitoyablement résolu, on nous désignait comme une nation corrompue, dégénérée, sans mœurs, sans croyances, abandonnée à tous les désordres, méritant l'opprobre et le châtiment. A côté de ces hypocrisies éclatait le patriotisme le plus outré, un fanatisme nouveau parmi les exaltations humaines. Voici la traduction énergique et presque éloquente qu'un jeune officier prisonnier dans l'une des affaires d'Orléans faisait de ces dispositions teutoniques. On lui parlait des malheurs de la guerre dont l'humanité gémissait. « La guerre ! s'écria-t-il, c'est vous qui l'avez déclarée. Au surplus, ne pouvant imposer par la paix la civilisation allemande, nous l'imposerons par la force ! » Il y avait donc à ses yeux une civilisation allemande, différente de la civilisation française, de la civilisation des autres peuples. Voici celle dont ces hordes sauvages nous apportaient les bienfaits !

Cette guerre est devenue une guerre de dévastation et de pillage. L'intimidation, la terreur, l'incendie, le meurtre, telle a été l'épouvantable gradation suivie comme une règle. Rien n'a été respecté. Comme le droit des gens, les lois de la guerre ont été foulées aux pieds. On a dit au soldat : Tout t'appartient où tu as vaincu ; tu peux tout te permettre, tu peux tout exiger, tout briser, tout prendre ; réponds par la mort à la résistance, au moindre refus, et que tout plie, tout s'abaisse devant tes armes victorieuses : tu es le maître !... Et le soldat enivré de son triomphe, le soldat dont on excitait ainsi la passion, la colère, n'a pas manqué à cette atroce mission. Les champs ont été ravagés, les villes bombardées, les maisons pillées, les villages incendiés, détruits, les plus notables citoyens emmenés en ôtage !... Nous ne parlons

pas de ces massacres qui ont fait bondir d'indigna-
tion le monde civilisé, de ces enfants, de ces vieillards refoulés dans les flammes d'où ils cherchaient
à s'échapper, de ces hommes fusillés sans pitié comme sans motif, si ce n'est pour avoir témoigné quelque sympathie ou donné à boire à des francs-tireurs ;
nous ne parlons pas de ces réquisitions accompa-
gnées des plus infâmes procédés, de ces vols autori-
sés, encouragés, accomplis sur la plus vaste et la plus
audacieuse échelle, et dont des généraux, des princes eux-mêmes se sont rendus coupables ou com-
plices !...

La plupart de ces faits ont été dénoncés à tous les
cabinets de l'Europe par notre honorable ministre
des affaires étrangères, M. de Chaudordy, dont le
langage modéré non seulement n'a provoqué aucune
protestation, mais a fait dire à deux nobles étrangers
qu'il était encore *au dessous de la vérité !* Il est vrai
que le chancelier de la Prusse, ou les a niés, ou les
a attribués à des nécessités militaires, ou a prétendu
que les Français avaient les premiers donné l'exemple
de ces violations. L'histoire jugera. Il est vrai encore
que pour les justifier, comme si le crime pouvait justifier le crime, on a accusé le premier Empire d'avoir
laissé commettre les mêmes attentats sur la terre d'Allemagne. On ne saurait assez s'élever contre une telle
assertion. S'il était ambitieux, Napoléon Ier était humain ; dans tous les cas, s'il connaissait les droits de

la force conquérante, il ne méconnaissait pas ceux
de l'héroïsme vaincu, ceux du pauvre peuple victime
du fléau de la guerre. Jamais il ne se permit, jamais
il ne toléra de semblables horreurs. Plus d'une fois
même il les réprima sévèrement. On ne citerait pas
un seul village incendié durant ces longues guerres
qui furent si funestes à l'Europe.

On vante par dessus tout la discipline des troupes
prussiennes. Est-ce bien le nom qui convient à cet
abaissement, à cette dégradation de notre nature?
Dans le service, le soldat peut être frappé par ses
chefs. Sous le feu de l'ennemi, s'il recule, il peut être
immolé. Est-ce à ce prix que doit s'obtenir l'obéis-
sance, le courage, le sacrifice de la vie?

Dans son acception générale, le mot *discipline* signifie instruction, éducation, signifie encore règle-
ment, ordre, règle de conduite commune à tous ceux
qui font partie d'un corps. La discipline, si nous ne
nous trompons, ne se limite pas au strict accom-
plissement des devoirs militaires; de tout temps elle
a embrassé les actes du dehors, la conduite envers
les citoyens, la conduite envers les étrangers si on
est en guerre, envers la famille, la propriété. Dans
tous les pays, le soldat qui brave les lois, qui viole
le sanctuaire domestique, qui porte une main spo-
liatrice sur la fortune d'autrui, est indiscipliné, noté
d'infamie, poursuivi, honni, flétri... On peut donc
le proclamer bien haut, jamais, sous ce rapport,

armée ne fut plus indisciplinée que l'armée prussienne, car jamais, au grand jamais, on ne vit de
pareilles déprédations, de pareils scandales.

De tout ceci ressort une triste, une accablante vérité, à savoir que, sûrs d'être aveuglément obéis sous
les armes, les chefs ne l'étaient pas moins d'être obéis
hors des rangs. Pourquoi donc ces extorsions, ces ra-
pines, ces enlèvements, partout où on est passé, partout où on a pénétré, enlèvements de toutes choses,
vêtements, meubles, linge, argent, billets? Et quelle
direction leur a-t-on fait prendre? Faut-il croire ce que
dit un journal faisant l'inventaire de ce qu'en deux
mois les soldats ont envoyé à leurs parents, somme
énorme, évaluée à treize millions de thalers, dépouilles
sans fin, qui n'ont pas laissé d'y attrister bien des regards? Ah! qu'on ne nous parle plus des rêves de la
poétique Allemagne, des systèmes humanitaires de la
philosophique Allemagne! Ils étaient plus humains,
ces Vandales, ces Huns, qui ravagèrent le monde à
une époque de barbarie et d'ignorance. On l'avait
dit : il fallait ruiner la France, la mettre à nu, la ré-
duire à son sol ravagé, oubliant que de cette pous-
sière héroïque pouvait sortir un jour le cri de la vengeance !

Il est trop vrai encore, on nous a reproché notre
haine pour l'Allemagne !... Il faut savoir gémir sur
ses égarements et ses folies, mais ici, en présence de
cette perversité allant jusqu'à l'impudence, il faudrait

se voiler la face de honte pour notre espèce. La France, de la haine pour l'Allemagne! Laissez-nous le dire, et l'Europe le sait, et les siècles en ont conservé la mémoire, il n'y a pas de peuple moins haineux que la France. Vous savez bien que la haine est un effet; quelle en aurait pu être la cause chez nous? Que nous aviez-vous fait? Cinquante-cinq ans avaient passé sur votre gloire problématique de Waterloo, qui n'avait nullement fait pâlir nos trophées de 1807. Avions-nous songé à prendre ce qu'on appelle une revanche? Y aurions-nous jamais songé? A part cette cause futile, misérable, insensée, j'ai beau chercher, je n'en vois pas une autre. Et vous-mêmes ne lui donniez-vous pas un éclatant démenti? Trois cent mille des vôtres ne venaient-ils pas se chauffer au soleil de la France? Ne venaient-ils pas respirer sa généreuse atmosphère? Ne venaient-ils pas s'asseoir à ses foyers? Ne venaient-ils pas se réjouir avec nous, et, en partageant nos travaux, partager nos plaisirs? Où était la haine des deux peuples alors? Et, remarquez-le bien, ce n'était pas nous qui étions empressés d'aller chez vous, mais vous de venir chez nous! Et vous y veniez avec confiance, et vous y veniez heureux de notre cordial accueil, heureux de nos fêtes, de nos spectacles, de nos sympathies courtoises, de notre large hospitalité. La haine, oh! oui, elle existait quelque part pourtant. L'événement nous l'a cruellement appris. Elle existait dans deux classes de

votre pays : le parti militaire, qui ne peut nous par-
donner nos succès passés, et le parti éclairé, qui ne
peut tolérer nos gloires littéraires, nos gloires artis-
tiques. Cette haine est l'effet d'une cause que tout
le monde devine et qu'il nous faut avouer pour vous,
la jalousie !... C'est presque toujours de cette détes-
table passion qu'elle est fille. Je vous trouve bien
malheureux d'en être possédés, car ce n'est pas de
nous seuls que vous devez être jaloux. Indépendamment de la fière antiquité, vous devriez l'être de
l'Angleterre, de l'Italie, de l'Espagne. Cette jalousie
s'est maintes fois fait jour à travers les jactances
de vos chefs militaires, qui, selon leur habitude
traditionnelle de 92 et de 1806, ne nous ont épar-
gné ni critiques ni insultes ; s'est fait jour surtout
à travers la réponse pleine d'orgueil et de fiel de
votre philosophe Strauss à la lettre si philosophique,
si humaine, que M. Renan lui écrivait au sujet de
cette guerre. Cette réponse a impressionné pénible-
ment le monde des intelligences. On y lisait presque à chaque ligne que l'Allemagne était supérieure
à la France. Il s'agissait bien de cela en ce fatal
moment ! Cela devait surprendre ceux qui pensent que le génie n'a pas de patrie. Mais on conçoit
que M. Strauss ne veuille être qu'Allemand. Que si-
gnifient ces vanteries ? C'est l'Europe qui vous juge
et nous juge, comme c'est la postérité qui nous jugera et vous jugera. Vous ne pouvez comprendre

notre influence, supporter qu'on nous dise la grande
nation ! Et qu'est-ce que cela peut faire à votre haute
et sereine philosophie ? Croyez-nous, il y a autre
chose à faire pour un esprit supérieur que d'atta-
quer, par un sot patriotisme, cette France dont les
lumières jaillissent depuis tant de siècles sur le monde. C'est de respecter les grandes choses de l'âme humaine ! Ce que vous n'avez pas toujours fait...

IV

Mais quelles ont été les phases de cette lutte ?

Si, pour juger des ressources d'un pays, du génie
de ses capitaines, de la supériorité de ses armées, il
ne fallait voir que les résultats obtenus en si peu de
temps, il faudrait proclamer la Prusse sans rivale
dans l'histoire. Ayant affaire à la plus belliqueuse des
nations, réputée telle depuis des siècles, en deux
jours elle l'humilie sur trois champs de bataille, la
poursuit l'épée dans les reins, enferme ses armées
dans un cercle de fer et les force à capituler ; marche
rapidement sur sa capitale peuplée de deux millions
d'âmes, défendue par des remparts inexpugnables,
et, sans en faire le siége régulier, l'enveloppe tout
entière d'une triple ceinture de travaux d'investisse-
ment ; détruit successivement ses armées de secours,
et la force elle-même à se rendre... Jamais le monde

n'avait assisté à de si étonnants succès; jamais un vainqueur n'avait fait prisonnières des armées aguerries de cent, deux cent mille hommes; et si l'on considère que c'est la France, tant de fois et presque toujours victorieuse, qui a subi ces défaites, on doit être saisi d'étonnement et dire la puissance qui les lui a infligées la première, la plus glorieuse de toutes!

Comment se sont-ils accomplis, ces miracles?

La France n'était pas un pays qu'on pût subjuguer comme un autre. Envahie par l'Europe en 93, elle en avait triomphé. La Prusse n'ignorait pas la valeur française; mais elle n'ignorait pas non plus que notre mode de recrutement n'était pas le sien, et que, tandis que chez elle tous les citoyens sont soldats, chez nous ne sont soldats que ceux désignés par le sort : avantage immense pour elle. Elle n'ignorait pas qu'adonnés aux arts de la paix, nous ne nous préoccupions guère de voir un jour contester notre suprématie guerrière. Enfin elle n'ignorait pas que notre armée ne dépassait pas 3oo,ooo hommes.

Or, depuis cinquante ans elle se préparait en silence à une lutte suprême, bien décidée à ne l'accepter que si elle était certaine de vaincre. La physionomie de plus en plus inquiète de l'Europe, l'ardente tendance des peuples allemands vers l'unité avaient tout à coup mûri ses projets. Une armée d'espions sillonnait la France en tout sens, et quand tout fut prêt, alors se déroula le plan d'invasion dès longtemps tracé par ses officiers, et tout un peuple armé se rua sur nous.

C'était un million ou douze cent mille hommes allant en combattre deux à trois cent mille, avec des engins de guerre les plus perfectionnés, un ordre et une discipline extraordinaires, une organisation inconnue jusqu'à ce jour. Tout y était à sa place, et, quels que fussent les accidents, y revenait de soi-même comme par un ressort. L'individu, avec sa volonté, sa liberté, y disparaissait pour devenir un automate, une machine ; c'était une chaîne de forces rivées les unes aux autres de manière à ne pouvoir se rompre. Chaque soldat savait ce qu'il avait à faire en toute circonstance, et le colosse, ainsi constitué, ne se mouvait jamais sans prendre toutes les précautions de la prudence.

C'est avec ces moyens d'une précision mathématique que la Prusse allait faire cette guerre dont nous allons suivre les événements. Elle se partage en deux phases principales : l'une, à partir de Wissembourg jusqu'à la reddition de Metz ; l'autre, à partir de Metz jusqu'à la reddition de Paris. Occupons-nous d'abord de la première, dont la seconde n'a été que la suite.

C'est le nombre, la science du nombre, l'emploi du nombre qui ont fait le succès de la Prusse. Le fait est monstrueux d'évidence. Le reconnaître, ce n'est pas lui en faire un reproche, car c'était son droit.

Les choses de la guerre ne peuvent se peser dans les balances de la morale ordinaire, qui le plus souvent les réprouverait. Qu'un homme attaque un enfant, il sera un lâche; que trois hommes en attaquent un seul, ils seront des misérables. A Wissembourg, à Wœrth, à Forbach, les Prussiens étaient trois, quatre et jusqu'à cinq contre un Français! Et ce n'est pas nous qui le disons : c'est la presse allemande, c'est la Prusse, c'est le prince royal déclarant qu'il ne se battrait qu'à nombre supérieur avec des Français, et affirmant, le lendemain de Wœrth, à deux journalistes, qui l'attestent, qu'ils étaient 180,000 Prussiens à cette bataille. C'est l'illustre et courageux Jacobi!

D'ailleurs pourquoi ces formidables armées, si ce n'était pour s'en servir? N'était-ce pas indiqué d'une façon assez claire dans le livre du prince Charles sur la manière de battre les Français, que par cela seul on se proclamait impuissant de combattre à forces égales, livre publié lorsque la paix la plus profonde régnait entre les deux peuples et que rien ne faisait entrevoir qu'elle pût être troublée? C'est dans ce livre, qui révèle si fort les sentiments de la Prusse envers nous, que la pensée de génie de Napoléon Ier : « Réunir le plus d'hommes possible sur un point donné, » se trouve travestie en ces termes (équivalents du moins) : « *Faire avancer masses sur masses,* comme qui enfonce un coin. » Tandis que c'était pour conjurer la puissance du nombre que le grand capitaine

formulait ainsi sa pensée, c'était pour s'en servir
que le prince formulait ainsi la sienne.

Eh bien! sans rechercher ce qu'en pensent les
hommes du métier, nous disons que si le nombre est
un avantage, puisqu'en définitive il assure le succès,
il n'est pas une gloire. Personne en France ne saurait
être fier de semblables triomphes. On en rougirait
plutôt que de s'en enorgueillir. Telle est notre loyauté,
notre bon sens, notre naïveté si l'on veut! Appelons-
en à la Prusse elle-même, car la vérité et la justice
sont de tous les temps, de tous les lieux, et on ne
peut donner leur nom à ce qui ne l'est pas. Rappro-
chons de la campagne de 1870 la foudroyante campagne de 1806. Elles se sont faites dans des condi-
tions bien différentes. En 1806, quoique les deux
puissances ne fussent pas égales, leurs armées l'é-
taient en nombre, en discipline, en courage, en re-
nommée. Héritière de la gloire du grand Frédéric,
l'armée prussienne passait pour la première de l'Europe. Mais si elles étaient également fortes, il y eut
une certaine disproportion sur les champs de bataille
d'Iéna et d'Auerstaedt. L'armée prussienne, à la première de ces batailles, comptait 66,000 hommes contre 50,000, et à la seconde 60,000 contre 26,000! On
en connaît les résultats, qu'il ne faut pas attribuer à
Bonaparte seul, car c'était Davout, l'un de ses meil-
leurs lieutenants, qui commandait à la seconde. Ils
furent prodigieux. En moins de vingt jours, pas un

soldat qui ne fût pris, pas une ville qui n'ouvrît ses portes !

C'est ici que le rapprochement va devenir sensible. Supposons que Napoléon, au lieu d'envahir la Prusse avec des forces égales, l'eût envahie avec des forces triples, quadruples : quelle eût été la résistance de ce pays ? et quelle eût été la gloire du vainqueur ? D'incomparable qu'elle est restée, elle se réduisait à la honte d'une entreprise injuste. Quel mérite en effet y eût-il eu à jeter ses phalanges sur un sol d'où on ne pouvait retirer que malédiction et mépris ? Et la Prusse, à son tour, quelle humiliation eût-elle pu ressentir de cette lâche agression ? Ah ! si elle se fût vengée plus tard, comme elle semble vouloir le faire aujourd'hui, ses représailles eussent été justes, légitimes, et pourtant son honneur militaire n'eût reçu aucune atteinte d'un tel abus de la force.

Il serait peut-êre curieux de poursuivre la comparaison.

Alors, comme aujourd'hui, tout se termina par des capitulations, sur une bien moindre échelle, il est vrai, mais qu'importe ? les difficultés étaient les mêmes. Ne doit-il pas être aussi difficile à cent mille hommes de résister à deux et trois cent mille, qu'à dix mille de résister à vingt ou trente mille ? Sauf la nuance progressive de force de résistance provenant d'un plus grand nombre proportionnel, nuance plus

facile à présumer qu'à déterminer. Pour juger du mérite d'une action de guerre, il faut avant tout tenir
compte des obstacles à vaincre. Ainsi une armée mal
commandée s'engouffre d'elle-même, sans y être ame-
née par les mouvements stratégiques de l'ennemi,
dans une impasse où il faut nécessairement qu'elle se
rende : l'impéritie de son chef fera-t-elle la gloire de
son adversaire? Ceci s'applique à la catastrophe de
Sedan, où notre étourderie, notre imprévoyance, notre aveuglement ont fait tout notre malheur. Le troi-
sième jour, après s'être battus 65,000 contre 330,000
hommes, d'après l'aveu fait par le général de Moltke
au général français de Wimpffen, notre armée, épui-
sée, désespérée, se voit contrainte de capituler, et
l'on sait avec quels rugissements de lion pris au piége!
Je le demande à tout ce qui raisonne et ne se laisse
pas imposer par le chiffre et l'importance des corps
d'armée respectifs, est-ce plus extraordinaire que les
capitulations successives de l'armée prussienne en
1806, pouvant lutter à forces au moins égales
et ne le faisant pas? La plus surprenante de ces
capitulations fut celle de Stettin. La garnison, forte
de 6,000 hommes, déposa les armes devant les
1,200 cavaliers du brave général Lassalle! Assu-
rément l'histoire d'aucun peuple n'offre rien de
pareil.

Quant à l'armée de Metz, que les Prussiens n'eussent jamais vaincue, on sait trop les basses intrigues

et l'espèce de trahison dont elle a été victime pour qu'il soit nécessaire d'en parler (1).

Ici commence la seconde phase.

Nos soldats de Crimée, d'Italie, du Mexique ne sont plus là pour la défendre; n'importe, la France ne désespèrera pas. Sans gouvernement, sans armée, sans généraux, sans officiers, sans fusils, sans canons, sans matériel de guerre, elle retrouvera son ancienne énergie. Un gouvernement s'organise, composé de citoyens dévoués. Des armées surgissent au nord, au midi, à l'ouest, à l'est, et l'ennemi, qui marche sur la capitale dans l'enivrement et tout l'orgueil de la victoire, arrivé sous ses murs, s'étonne d'y voir debout plus de 300,000 combattants prêts à sacrifier leur vie pour la défendre!

Jusqu'ici nous avons succombé sous le nombre; maintenant il nous faut à la fois nous organiser et

(1) L'armée de Metz a été la première armée de toute cette guerre, elle a été bien au dessus de celle de l'ennemi. Sous les murs de cette ville, celui-ci a perdu 102,000 hommes et nous 44,000; jamais nous n'y avons été vaincus. Quels qu'aient été le nombre de batailles ou de combats, le résultat en a été indécis lorsqu'il n'a pas été certain pour nous. A *Gravelotte*, nous avons couché sur le champ de bataille. Il y avait en ligne, dans cette journée, 3 à 400,000 hommes du côté des Prussiens et 180,000 du nôtre. Le désarroi a été si grand après cette lutte acharnée dans l'armée prussienne, que, menaçant de se débander, le roi Guillaume a été obligé d'accourir pour y rétablir l'ordre. Le prince Charles a dit et répété en parlant de nos soldats : « Oh! si j'avais de pareils hommes! que ne ferait-on pas avec eux? » Après la capitulation, les

combattre. Chez nous, où nous ne devrions manquer de rien, tout nous fait défaut ; tandis que, grâce à ses extorsions, à ses violences, l'ennemi y trouve tout en abondance. Il occupe nos demeures, nos positions, nos voies ferrées. Investissant Paris, couvrant sa banlieue de ses innombrables bataillons, il n'a qu'à se fortifier ; au lieu qu'il nous le faut aller chercher étape par étape, par les rigueurs précoces d'un hiver plein de menaces. On se bat sous Paris, on se bat sur la Loire, on se bat sur la Saône. Orléans est pris, on recule. Les chefs se renouvellent dans notre jeune armée, formée d'hommes sachant à peine manier une arme. Orléans est repris, et, dans deux grandes rencontres sur les bords de la Marne, nos intrépides mobiles, commandés par Trochu et Ducrot, sont demeurés vainqueurs. L'espoir renaît. On marche sur Paris ; mais, forcé de se replier de nouveau devant

officiers prussiens osaient à peine regarder les nôtres dans les rues de Metz ; ils avaient l'air d'être les vaincus. Au reste, ce sont les officiers généraux qui ont manqué à la France ; tout le monde sait cela.

Cette guerre a eu pour conséquence de nous apprendre ce que nous soupçonnions déjà, que l'Allemand est inférieur en intelligence, en élan, en courage au Français. Pourquoi le canon a-t-il fait peur à la baïonnette, qui est notre arme, notre puissance ? Nos mobiles eux-mêmes faisaient partir les Prussiens quand ils faisaient mine de s'en servir. Ordre de bataille, ordre dans les rangs et la baïonnette, voilà ce qu'il faudra rigoureusement observer à l'avenir. C'est la guerre d'Afrique qui a désorganisé nos armées en lui faisant oublier la grande guerre...

des forces trop considérables, on abandonne encore Orléans ; et de cette vaillante armée de la Loire, qui a retrouvé la discipline et la confiance sous l'habile et ferme général d'Aurelles, il se forme deux armées, l'une commandée par Chanzy, l'autre par Bourbaki, chacune manœuvrant de son côté pour atteindre le même but. Pendant que ces choses se passent, Faidherbe, deux fois en quinze jours, défait le général Manteuffel sur les bords de la Somme. C'est alors que Chanzy fait cette savante marche de Tours au Mans, et pendant vingt-cinq jours tient en échec les armées de Mecklembourg et du prince Charles, auxquelles il fait subir de telles pertes que celle du premier est réduite à 5,000 hommes. Devenues redoutables, nos armées inquiètent sérieusement le quartier-général de Versailles, et le moment est venu pour lui de les écraser de toutes ses forces.

En jetant huit à neuf cent mille hommes sur la France, la Prusse s'était dit : « J'y aurai toujours ce nombre de soldats, que je dépasserai si c'est nécessaire. Les vides que les maladies ou le fer y feront, je les comblerai aussitôt. » A quel chiffre énorme faut-il donc porter les troupes qu'elle a successivement fait venir d'Allemagne durant ces six mois de lutte continuelle, de combats acharnés ? Elle s'était dit : « Je les concentrerai autour de la capitale, de façon à pouvoir en détacher une partie à l'insu des assiégés pour aller assurer la défaite des armées de secours. » Et c'est ainsi que Chanzy a été arrêté dans sa marche, que Faidherbe s'est vu refouler à Saint-Quentin, que Bourbaki, après une vaine tentative sur Héricourt et malgré l'éclatante victoire de Dijon, a dû battre en retraite. Un dernier effort est tenté par l'armée de Paris, et une fois de plus l'ennemi apprend ce que peut le Français qu'enflamme l'amour de la patrie. Mais enfin l'horrible famine pénètre dans ces nobles murs; l'heure fatale d'une reddition forcée va sonner. Un armistice est conclu.

Jetons un rapide coup d'œil sur ces événements pour constater ce qui en revient d'honneur à la France, de gloire à la Prusse.

Si, par un de ces fatals découragements si fréquents dans l'histoire, nous avions eu le malheur de faire la paix après Sedan, quel eût été notre abaissement aux yeux de l'Europe! La Prusse lui eût apparu comme une puissance irrésistible. Mais la France, malgré ses revers, ose continuer la lutte avec des soldats mal armés, mal équipés, mal vêtus, mal nourris, forcés de coucher sur la neige, et bravant les plus dures privations au milieu d'un froid qui rappelle la célèbre et désastreuse campagne de Russie! Elle la continue avec des chances diverses : souvent battue, plus souvent victorieuse; de sorte qu'à part cette funeste fin, trop facile à prévoir, et à ne considérer que les avantages partiels, elle en obtient plus que son infatigable adversaire. Et en la continuant

avec une infériorité si marquée de nombre, de discipline, de commandement, d'approvisionnements, elle
révèle une vitalité, une force, un héroïsme, une supériorité morale surtout qui frappent le monde d'ad-
miration ! Et, l'armistice conclu, la Prusse, après six
mois de constants efforts, n'occupe que le tiers de
notre territoire ; le reste est intact, plein de ressources et de vie ! Et, l'armistice conclu, nous restons
avec 5oo,ooo hommes sous les armes, qui peuvent
être doublés en une semaine ! Certes, il y a loin de là
à cette Prusse de 1806, en quelques jours soumise et
implorant la pitié du vainqueur !

Il n'est pas possible que la Prusse ait cherché la
gloire dans cette lutte gigantesque, à moins qu'elle
n'en eût que des notions barbares. Cette guerre pour
elle a été une affaire... une affaire de vengeance, de
spoliation, d'amoindrissement, sinon d'anéantisse-
ment de la France ; une affaire d'agrandissement
pour elle-même. Elle s'y est préparée comme on se
prépare à une affaire d'où dépend votre fortune, votre
existence. Elle n'a rien négligé, rien laissé au hasard.
Elle a tout prévu, mathématiquement tout réglé, hommes et choses. De la guerre, qui jusque là avait été un
art, elle a fait une science exacte d'où ont été bannis
l'inspiration, le sentiment. Tout les moyens lui ont
été également bons, ceux de la force comme ceux
de la faiblesse. Quoique si nombreux, ses guerriers
se cachaient dans les bois ! Quoique si braves, dans la

mêlée ils levaient la crosse en l'air pour nous faire croire qu'ils se rendaient alors qu'ils s'apprêtaient à nous trahir ! Quoique si disciplinés, ils tiraient sur nos ambulances ! Quoique si religieux, ils violaient nos saints asiles, nos temples ! Quoique si doux, si débonnaires, ils massacraient des vieillards sans défense, et jusqu'à un enfant de onze ans, parce qu'il s'était trouvé dans la maison que venaient de quitter des francs-tireurs !

Il faut dire de leurs officiers qu'ils sont plus instruits que les nôtres, ce qui tient principalement à la différence d'organisation des deux armées. Mais on chercherait en vain parmi eux un grand général, un général habile, un capitaine, un homme de génie. Ils sont tacticiens, stratégistes ; c'est-à-dire qu'ils savent faire mouvoir une armée, la faire évoluer, camper ; qu'ils savent profiter, d'après les règles de la simple prudence, des accidents de terrain qu'ils ont parfaitement étudiés. C'est la science de leur de Moltke, qui sait jusqu'au moindre cours d'eau, jusqu'au moindre thalweg, jusqu'à la moindre colline de la France. *Vous autres Français, vous n'êtes pas studieux, vous ne travaillez pas*, disait-il à un jeune officier de notre armée. Ce langage ne semble-t-il pas confirmer notre observation ? Où avaient-ils appris la stratégie, les Hoche, les Marceau, les Moreau, les Masséna, les Suchet, les Pichegru, les Bonaparte ? A la première inspection des lieux, leur génie s'enflammait et forçait la victoire. On peut devenir un bon général comme Wellington, on ne devient pas un grand capitaine comme Frédéric ou Napoléon.

Je n'hésite pas à croire que nous aurions pu repousser l'invasion si nous n'avions pas été dépourvus de tout, si le temps ne nous eût pas manqué, si nous avions eu un peu plus de patriotisme ! Avec des armes, avec la seule armée de Metz, nous aurions arrêté l'ennemi ; avec plus de temps, Paris aurait complété son armement. Surtout, oh ! surtout, nous aurions compris de bonne heure ce que nous n'avons compris que trop tard. Nous aurions compris que les Prussiens, dont l'objectif était Paris, ne pouvaient avoir l'imprudente pensée de se répandre outre mesure hors de la capitale, d'envahir la France au nord, à l'ouest, où ils se seraient affaiblis, et alors, reportant notre attention sur l'est, par où ils étaient venus, par où seulement ils pouvaient s'en revenir, nous aurions concentré à Lyon toutes nos forces pour les lancer l'une après l'autre, incessamment et toujours, jusqu'à ce qu'elles eussent formé une barrière infranchissable dans cette partie de la France pour leur en fermer les portes !... Ce plan que tout le monde rêvait est venu trop tard dans l'esprit des hommes de la défense nationale, et lorsqu'il y est venu et qu'il a fallu l'exécuter, l'illustre Bourbaki avec son armée a trouvé sa perte où nous devions trouver notre salut. Dans un aussi épouvantable malheur que celui d'une invasion semblable, le meilleur, le plus sûr stratégiste, n'est-ce pas le peuple, qui instinctivement voit ce qui échappe aux hommes spéciaux et pratiques ?

Enfin il nous eût fallu un peu plus d'ardeur et de foi patriotiques.

Il ne faut pas tant admirer ce qui s'est fait sur les champs de bataille. Là sans doute se sont accomplis des traits d'héroïsme dignes de l'antiquité ; là sans doute se sont vues des abnégations sublimes, des martyres dont la religion seule peut offrir des exemples. C'est derrière ces champs de bataille, derrière ces scènes de désolation et de carnage qu'il faut porter nos regards ; c'est là que nous rencontrons les tableaux les plus touchants de stoïcisme et de vertu. Jamais à aucune époque il n'y eut autant d'humanité, autant de générosité et de noble compassion dans les cœurs. N'est-ce pas que j'ai dit vrai, mes chers concitoyens ? Par l'imminence du danger, par le patriotisme, par la solidarité, nous étions tous devenus frères ! Le souvenir en restera plein d'attendrissement pour notre glorieuse et malheureuse génération !

N'importe, nous n'avons pas fait tout ce que nous devions faire. N'y avait-il pas en nous un reste de cette trop funeste confiance si féconde en déceptions ? Les premiers au combat ne comptaient-ils pas trop sur le secours des autres, et ceux qui étaient loin ne se sont-ils pas trop reposés sur ceux qui étaient près ? Tous , ne comptions-nous pas trop sur un retour de la fortune jusque là si propice à nos armes ? Tous, ne comptions-nous pas sur les gouvernements de l'Europe, que nous aurions dû savoir esclaves de tant de considérations, indépendamment de leur égoïsme ? Ah! disons-le quoi qu'il nous en coûte, notre douleur n'était pas encore descendue jusqu'où elle aurait dû descendre pour enfanter des prodiges ! Nous n'étions pas désespérés, et il nous eût fallu ce désespoir pour marcher à un immortel sacrifice ! Hélas! peut-être la gloire de cet héroïsme absolu n'est-elle réservée qu'à certains peuples aux horizons restreints ! peut-être aussi Dieu, dans ses secrets desseins, nous a-t-il refusé ce souffle vainqueur qui renverse tous les obstacles ! Quoi qu'il en soit, nous n'avons pas à rougir de notre faiblesse. Le monde a vu ce qu'il n'avait pas vu encore, tout un grand peuple dans la plus terrible des crises se transformant tout à coup et n'ayant plus qu'une âme, qu'une pensée, qu'une volonté. Aucun autre parmi les plus forts, aucun autre parmi les plus éprouvés n'aurait eu une telle constance, et l'histoire dira qu'en s'immolant ainsi la France a mérité les hommages de l'univers !

V

Mais quelles seront les conséquences de cette guerre pour l'Europe, particulièrement pour la Prusse, pour la France ?

Pour l'Europe ?

Une réflexion s'empare si tristement de nous en abordant ce redoutable sujet, qu'il nous est impossible de ne pas l'exprimer. Dans ces dernières années, nous ne savons par quelle cause, car les événements lui donnaient un perpétuel démenti, il se faisait en Europe un mouvement d'idées pacifiques qui semblait devoir conduire à la réalisation du beau rêve de l'abbé de Saint-Pierre. Des congrès pour la paix se réunissaient en Belgique, en Suisse, en Allemagne, à Londres, à Paris, et il y avait tant d'ardente conviction dans la parole des orateurs, qu'on se plaisait à partager leur espoir et à croire qu'enfin l'affreuse guerre allait prendre fin parmi les hommes. Filles de la liberté, ces idées paraissaient attachées à ses destinées et devoir triompher partout avec elle. Les peuples ne soupiraient qu'après une union vers laquelle les poussaient si visiblement leurs intérêts, lorsqu'éclata la guerre de 1866, d'où devait sortir la plus effroyable de toutes !... Le canon a fait taire ces voix généreuses, a fait taire ces grandes espérances,

et en quelques jours l'humanité est retombée dans
une barbarie où, *la force primant le droit*, il n'y a
plus rien de sacré et de stable sur la terre !

Le résultat immédiat de ces événements si impré-
vus, le voici. Il n'avait jamais été bien défini le droit
des gens, jamais du moins scrupuleusement observé.
Mais le progrès des lumières, mais celui toujours
croissant des échanges, mais l'extrême rapidité des
voies de communication, mais surtout la douceur
des rapports qui en étaient l'heureuse suite, avaient
uniformisé les mœurs, les habitudes de telle sorte,
que, grâce aux liens divers s'établissant partout, les
antagonismes de race et d'ambition disparaissaient,
et que les peuples semblaient ne vouloir plus faire
qu'une société, ce qui donnait à l'équilibre européen
un caractère de stabilité qui, en assurant leur sécu-
rité, faisait la force des gouvernements.

Puisque la force brutale devient souveraine, on
peut le dire rompu ce salutaire équilibre. Qui em-
pêchera demain la Russie, demain l'Angleterre, demain l'Autriche, demain l'Italie, de faire ce que vient
de faire si audacieusement la Prusse à l'égard de la
France ? Les peuples cessent de s'appartenir. Ils de-
viennent la proie du plus fort. Puisqu'elle a laissé
cet acte de violence et d'iniquité se consommer sous
ses yeux, l'Europe n'a plus le droit d'intervenir.

Cette conséquence humiliante en amène une autre
ruineuse, et qu'il n'est peut-être plus possible de con-

jurer. L'Europe, qui, en temps de paix, laissait certaines nations s'armer jusqu'aux dents, va être dans la dure nécessité de s'armer comme elles. Au lieu de devenir amis, de se donner la main, les peuples ne vont plus se regarder qu'avec méfiance et l'arme au bras. Il ne s'agit plus d'un armement restreint, d'un armement pesant sur une partie des citoyens, mais d'un armement général, universel, atteignant tous les membres de la société. On aura beau invoquer des influences contraires, il faudra être constamment armé, toujours sur la défensive; en un mot, ne vivre que dans les camps, consacrer son temps et son épargne à la fabrication des projectiles de guerre, aux équipements, à l'entretien des forteresses. Voilà les devoirs, les sacrifices qui s'imposent à tous à cette heure. Voudra-t-on les subir?

Pour la Prusse?

C'en est donc fait! les deux provinces occupées vont être annexées à là jalouse Allemagne! La nouvelle s'en répand au moment où nous écrivons ceci. Elle va bien douloureusement retentir dans les cœurs français. Elle déchirera celui de ces infortunés habitants qui jusqu'à la dernière heure, voulant rester Français, ne croyaient pas possible qu'en plein dix-neuvième siècle l'esprit de conquête pût s'implanter au sein de cette civilisation dont nous étions si fiers.

La France aurait pu continuer la lutte, mais elle courait à une ruine certaine. Elle a cédé aux moyens d'intimidation et de terreur employés contre elle, moyens qui ont fait couler tant de sang et de larmes dans trente-trois de nos départements, et qu'on s'apprêtait à reprendre avec une implacable furie. Tout eût été ravagé, ce n'était plus la guerre. Attila, de si odieuse mémoire, fut moins barbare. Il s'arrêta devant sainte Geneviève et recula devant le vénérable chef de la chrétienté. Il a fallu nous résigner en protestant devant l'histoire.

Nous l'avouerons, nous avions cru le célèbre chancelier plus humain, plus habile, plus intelligent de son époque et des vrais intérêts de son pays. La neutralisation de ces provinces, garantie par l'Europe, en faisait, en cas de guerre, un rempart de vingt lieues d'épaisseur entre les deux nations. Qu'est-ce que l'annexion à côté du bienfait de cette mesure préservant l'avenir, rendant toutes représailles impossibles, laissant à la Prusse toute sa victoire, et aux deux peuples l'intégrité, la perpétuité de leurs relations? On nous plaçait dans l'impuissance de recommencer, de nous dédommager, de nous venger... et nous y consentions, et nous nous y résignions, nous Français qu'on dit si guerroyants, si insatiables de gloire militaire!

Est-ce qu'ils n'avaient pas vu ces avantages-là, les hommes chargés de nous octroyer la paix après nous avoir fait la guerre? Pauvre humanité! tu es la dernière dont les hommes politiques consultent les intérêts. Acteurs passagers sur la grande scène où se jouent les destinées du monde, que leur fait un avenir peu reconnaissant? Il leur faut leur gloire à eux, leur gloire actuelle, présente, leur triomphe du moment, l'eclat de la chose, la grandeur apparente et sensible du résultat, impressionnant la foule! Ne fallait-il pas flatter l'orgueil des populations germaines? Qu'eussent-elles pensé si, pour prix de tant de sacrifices, on n'eût pas amoindri la France, on n'eût pas arraché à l'épée de Turenne l'Alsace, la malheureuse Alsace!... Au soldat, à l'officier, au général, notre or, nos bijoux, nos dépouilles de toutes sortes; mais au nouvel empereur germanique, mais à l'impatiente Allemagne *une,* tout un territoire! Voilà qui frappe le vulgaire, le transporte, l'enivre d'orgueil, et voilà ce qui élève le ministre, le diplomate, l'homme d'Etat!

Ce sont des motifs si peu avouables qui feront peut-être couler des fleuves de sang!...

Mais quelle sera la destinée de cette Prusse et de cette Allemagne, ainsi triomphantes sur le déclin révolté de ce grand siècle? Est-ce que nous allons rétrograder vers l'inique passé? Est-ce qu'il sera donné à une seule génération d'un peuple aveugle d'étouffer les puissants élans des autres peuples vers un état de choses impérieusement réclamé par la nature et la dignité humaines? Est-ce que le rétablissement de l'empire germanique, s'il n'est pas une intronisation nouvelle, persistante de la barbarie au sein de l'Europe

consternée, n'est pas un audacieux et puéril mensonge? Est-ce que l'Autriche, l'honnête Autriche sup-
portera longtemps ce sanglant affront fait à son antique gloire, alors que douze millions d'Allemands
vivent heureux sous son sceptre respecté? L'Allemagne elle-même ne finira-t-elle pas par ouvrir les yeux
et voir qu'on s'est joué d'elle et de ses aspirations,
comme on s'est joué de son héroïsme contre une nation généreuse qui ne demandait qu'à rester son
amie?... En un jour les fiers descendants de l'humble
burgrave de Nuremberg expieront leurs usurpations,
leurs lâches hypocrisies. Ils ne peuvent appuyer l'œuvre néfaste de leur ambition que sur la force et la
conquête. Or, il se peut que le prince destiné à succé-
der à Guillaume rejette ces funestes traditions et ne
se complaise que dans les loisirs et les douceurs de la
paix. Mais alors la liberté poussera un cri vengeur!
L'Allemagne voudra être l'Allemagne et non la Prusse.
Elle répudiera, dans sa colère, ce nom de Prussien devenu une injure, et les Hohenzollern auront régné!

Pour la France?

Pauvre France, si vite tombée du faîte de la gloire
et de la puissance, tombée si bas, dans un abîme si
profond que tes plaintes meurent sans écho! qu'avais-
tu donc fait pour être ainsi punie? Avais-tu déserté tes
autels, renié ton Dieu, abusé de ton bras, jeté une barrière entre les faibles, outragé le génie moderne dans
ses efforts civilisateurs, souillé ton beau nom que

n'invoquèrent jamais en vain les persécutés de la terre?... Oui, qu'avais-tu fait, ô France bien-aimée, chère et immortelle patrie! pour être ainsi trahie, livrée, foulée aux pieds? Ah! ton crime fut de trop aimer la gloire des combats, cette gloire qui ne brille que sur des débris sanglants, qu'entourent le deuil et les larmes des vainqueurs comme des vaincus, gloire terrible, gloire barbare, que ne comprendront pas, que maudiront les peuples à venir, et dont, à l'exemple des plus illustres nations, à l'exemple de tes glorieux ancêtres, tu te fis complaisamment une idole! Le nom de celui qui remplit tes annales guerrières d'une auréole sans pareille t'a perdue. Tu as cru qu'il suffisait d'être héritier de ce grand nom pour pouvoir enchaîner l'inconstante fortune. Tu l'as suivi aveuglément, tu lui as tout donné, et maintenant qu'il te faut expier le délire de ta confiance, quelles leçons puiseras-tu dans ton accablement, dans ton malheur? Ne vas-tu pas sortir de ces dures épreuves régénérée et forte comme la statue d'airain sort de l'argile? C'est ce que le monde attend de toi, ô France!...

La première de ces conséquences sera de balayer tout ce qui nous faisait rougir à l'intérieur. Nous ne reverrons plus ce luxe effréné, source de tant de misères; nous ne reverrons plus l'odieuse spéculation envahir nos foyers; nous ne reverrons plus l'argent régner en maître; nous ne reverrons plus la corruption descendre d'en haut pour se répandre partout ; nous ne reverrons plus l'esprit de camaraderie se glisser dans nos administrations pour les peupler de médiocrités. Au lieu de servir le pays, on ne sentait que le besoin de se faire des créatures. On ne reverra plus ces écoles d'immoralité et de sacrilége contre la famille, contre la société, que dans ses calculs machiavéliques, pour ramener à lui par l'épouvante les hommes d'ordre de toute nuance, le gouvernement déchu laissait s'ouvrir au sein de la capitale et favorisait de sa ténébreuse participation ou de son argent.

Entre autres choses que nous ne devrons plus revoir, il en est une dont nous avons trop souffert et dont nous sommes trop victimes pour la passer sous silence. Nous voulons parler de cet accueil trop facile que nous avons fait aux fils de l'Allemagne, qui ne venaient chez nous que pour fournir à leur indigne patrie le moyen d'envahir et de spolier la nôtre. Peuple le plus hospitalier, sachons avoir quelque prudence. En paix avec eux, ils ont le droit de venir chez nous, comme nous d'aller chez eux ; ils peuvent visiter nos villes ; ils pourront venir en pélerinage dans ces champs désormais fameux où dorment, à côté des nôtres, tant de leurs combattants ; ils pourront, si cela leur convient, créer des établissements dans nos centres industriels ; mais leur droit ne va pas au delà. Ils ne peuvent s'imposer à nous, à notre commerce, à nos familles, à nos écoles, à moins que nous ne voulions leur livrer de nouveau nos secrets domestiques et leur rouvrir le chemin de notre ruine. Ce ne sera ni par haine ni par vengeance que nous agirons ainsi, mais par le double intérêt de notre conservation et d'une position à donner aux enfants de notre France, dont jusqu'ici ils occupaient la place. Et sait-on à quelle somme peut s'élever cette trop large hospitalité que nous leur accordions? à 3oo,ooo,ooo de fr. si, comme on le dit, trois cent mille Allemands vivaient en France du fruit de nos industries, trois cents millions dont profiteront nos fils qui, trouvant une carrière, seront ainsi arrachés au désœuvrement et peut-être aux troubles de la rue.

Surtout nous ne reverrons plus l'armée exposée aux lâches corruptions; nous ne la verrons plus commandée par la faveur, l'incapacité. La France veut une armée pour elle et non pour ceux qui la conduisent. L'avancement ne sera plus au choix ou à l'ancienneté. Tous les citoyens seront soldats. On n'y sera plus au service d'un homme. Son organisation ne sera pas livrée à l'incurie. Nos arsenaux ne seront plus vides, nos forteresses désarmées. Nos villes, nos bourgs, nos villages auront leur champ de Mars, leur école d'instruction. En un mot, nous serons prêts, prêts à prendre une revanche si l'occasion s'en présente, et dans tous les cas à nous défendre contre un ennemi toujours prêt, lui, à faire naître un conflit et à se précipiter chez nous pour y renouveler ces dévastations, ces pillages, ces infamies qui ont fait de cette guerre une chose épouvantable, inouïe, sans précédents dans l'histoire. Les milliards qu'il emporte lui donneront peut-être l'envie de recommencer, mais cette fois nous serons inexorables pour lui.

Enfin reverrons-nous un roi ou un empereur? De ce gouffre où tout s'est englouti, verrons-nous ressortir ce trône tant de fois renversé, tant de fois relevé par nos inconstances politiques?

La monarchie et la république sont de nouveau en présence, chacune conviant le pays à adopter sa bannière.

La monarchie lui dit :

« Je t'ai fait ce que tu es; tu me dois ta gloire, ta grandeur, ton influence séculaire dans le monde. Tu me dois tes établissements. C'est moi qui te défendis aux jours du péril; c'est moi qui voulus te sauver; c'est moi qui accourus pour cicatriser tes blessures lorsque pour la première fois l'Europe t'inonda de de ses hordes.

Trois fois, depuis bientôt un siècle, tu as voulu te gouverner toi-même; tu as été impuissant à le faire; toujours tu as dû revenir à moi. Moi seule suis stable, moi seule rassure les intérêts, moi seule peux donner une longue prospérité aux peuples; je suis née pour ainsi dire avec toi, tu ne peux te passer de mes bienfaits. »

La république lui dit :

« La royauté a fait son temps. Elle ne peut revivre sur ce sol couvert de ses débris, et que réchauffe, que féconde une lumière nouvelle. Tombée en 92 sous le poids de ses abus, en 1830 sous l'effort malheureux d'un retour vers le passé, en 1848 en repoussant tes vœux les plus légitimes, elle vient de se suicider en déshonorant ton nom, en avilissant ton drapeau, en te plongeant dans un abîme de ruine et de désolation. Elle ne doit qu'à elle seule ses chutes répétées, malgré tous les moyens de séduction que depuis cinquante ans elle met en usage. Les trésors dont tu fus prodigue envers elle, elle les employait à corrompre tes assemblées ; faiblesse ou crime dont le plus respectable de ses derniers rois ne fut pas exempt (1).

Asservie d'abord par un soldat heureux, ensuite par un audacieux parjure, je ne suis jamais tombée de moi-même. Dans ta justice et dans ton bon sens, tu ne peux me confondre avec cette dictature de cinq mois, née de tes malheurs, à laquelle tu t'es si glorieusement soumis, à laquelle tu as su obéir, comme pour prouver que tu es facile à gouverner,

---

(1) Dans son dernier exil, Charles X disait que *ses* députés lui coûtaient 6,000 francs, et, sous Louis-Philippe, on en a connu bon nombre qui recevaient de l'argent du gouvernement ; sous Napoléon III, les papiers trouvés aux Tuileries révèlent assez ce qui se faisait à cet égard.

loin d'être ingouvernable, comme se plaisent à le dire nos ennemis. Cette dictature nécessaire n'était, ne pouvait être moi. Elle a passé emportant bien des malédictions, mais aussi bien des sympathies douloureuses.

Choisis entre les trois royautés qu'on t'offre et moi ; entre une royauté héréditaire, ayant par conséquent deux intérêts à défendre, le sien d'abord, le tien ensuite, et moi qui, sans dynastie, sans héritier à qui je puisse transmettre mon pouvoir, n'ai que le tien à soutenir ; entre une royauté à qui il faut une cour, des partisans, des amis, une armée personnelle, et tu sais par une triste et trop récente expérience ce que tout cela engendre, et moi qui ne puis être une étrangère pour toi, car je suis toi-même ! »

Et le sage, du fond de sa retraite, entendant ces discours qui ne manquent ni de force ni de vérité ; le sage, surtout s'il a vécu, s'il a traversé les orages de la société moderne, s'il a vu quelquefois couler les larmes de la France, lui dit à son tour :

« Faut-il que chaque vingt ans les pouvoirs élevés de tes mains s'écroulent et te replongent dans l'anarchie ? Quoique je ne doive pas le voir, ton avenir me touche. Au vieillard qui s'éteint au milieu de tant de choses il semble que son âme attristée doive se confondre et revivre dans celle de la patrie ! A tous les titres donc, laisse-moi exprimer ce que je crois être la vérité.

Ne dirait-on pas que la peur gouverne le monde, tant elle ôte toute mesure, toute prudence aux hommes! C'est elle peut-être, ma plume tremble en l'écrivant, qui a fait 93!... mais c'est elle qui a fait la révolution de Juillet, qui a fait celle de 1848, qui a fait celle du 2 décembre. Vas-tu suivre encore ses fatales inspirations? Vois les divers partis qui te divisent; découvre, si tu peux, le mobile qui les fait agir. Ne distingues-tu pas leur espérance à travers leurs protestations? Eh bien! tout cela c'est de la peur. Les royalistes, qu'ils s'appellent légitimistes, orléanistes, bonapartistes, ne veulent pas de la république parce qu'ils en redoutent les excès. Les républicains exagérés ne se contentent pas de la république simplement libérale, constitutionnelle, parce qu'ils craignent qu'elle ne les ramène à la monarchie. Or, les royalistes de toutes nuances sont en majorité; ils peuvent faire la loi s'ils le veulent et amarrer encore une fois le vaisseau de l'Etat au cap des tempêtes!...

La république, qu'un crime t'avait ravie, t'est rendue par un autre crime, ou par un de ces vertiges providentiels qui emportent les rois; mais enfin elle t'est rendue... rendue sans secousse autre que celle de ce furieux ébranlement de guerre. Elle t'est rendue sans opposition de ta part. La repousseras-tu après l'avoir acceptée sans murmure? Verrons-nous des prétendants se disputer éternellement notre France?... Réfléchis aux transformations que nous

avons subies. Où est l'antique honneur de la monarchie, qui seul en faisait la base ? L'esprit de conservation, que représente un grand parti, a pris sa place.
Ce parti, qui est le parti de l'ordre, l'est aussi d'une
sage liberté. Il n'est pas l'ennemi de la république,
il la craint, et c'est pour cela qu'il n'a pas voulu en
franchir le seuil brûlant. Pourquoi ne le franchirait-
il pas ce seuil, aujourd'hui qu'il s'est refroidi sous
une atmosphère nouvelle, plus calme et plus libre ?
Qu'il s'empare résolument de notre jeune république pour en diriger les pas encore incertains.
Qu'elle devienne son enfant pour être demain sa
force ! Et les maux seront conjurés, et les dissidences
disparaîtront, et, majestueux dans sa marche, le gouvernement républicain fixera les regards du monde !
Ah ! si l'on pouvait pressentir la revanche pacifique
et glorieuse qu'il porte dans ses flancs ! Ces idées
sont celles du vénérable M. Guizot, sont celles peut-
être de cet illustre homme d'État, de ce grand histo-
rien de notre siècle dont la voix éloquente vient de
si noblement retentir parmi nous. Que le sol cesse de
trembler sous nos pas, que le ciel se rassérène, et que
la liberté, c'est-à-dire la justice, règne désormais sur
la France ! »

VI

Et maintenant la conclusion de ce que nous venons de dire se résume en cette grave et peut-être insoluble question : Quel moyen la sagesse des nations saurait-elle trouver pour conjurer de pareilles calamités ?

Ce n'est pas la France seule que cette guerre condamne désormais à des armements continuels et sans bornes, mais l'Europe entière. L'Angleterre effrayée ne se croit plus en sûreté dans son île. Après avoir armé ses côtes pendant dix ans dans la crainte d'une descente napoléonienne, elle sent aujourd'hui l'impérieuse nécessité de doubler son armée de terre. La Russie arme sans relâche ; pourquoi ? pourrait-elle appréhender une seconde invasion française ou une rupture avec ses voisins ? Elle arme... et elle peut opposer, dit-on, quatre millions de soldats aux puissances assez téméraires pour lui disputer l'empire du monde. L'Autriche, de son côté, ne néglige rien pour échapper à une surprise. Cet état de choses, qui laisse les faibles à la merci des forts, et les forts en permanente observation armée les uns contre les autres, peut-il durer ? S'il dure, que deviendra l'Europe et la civilisation avec elle ? Remarquez que toutes les nations sont tenues de se mettre à cet effroyable unisson, et qu'une seule ne peut rester armée sans que les autres le soient. Que faire ? A qui en appeler ? Quels secours attendre du ciel lui-même ? Quel retour inespéré des hommes à la concorde, à l'humanité, au bon sens, se promettre ? Un congrès européen ! En supposant qu'on y consente, en supposant qu'il se réunisse, qu'y viendra dire chaque puissance ? L'Autriche y tendra-t-elle généreusement la main à la Prusse ? y déposera-t-elle ses haines, ses craintes, son espoir de représailles ? La France à son tour viendra-t-elle s'y incliner devant sa rivale qui l'a vaincue, y reconnaître sa suprématie usurpée, y abdiquer ses ressentiments, y oublier l'odieux et barbare démembrement dont elle vient d'être victime ? Et la Prusse victorieuse, la Prusse conquérante viendra-t-elle y proclamer sa magnanime abnégation, son désir sincère de vivre en paix avec tout le monde, son désintéressement à venir ? Consentira-t-elle à désarmer, à briser dans ses mains triomphantes l'instrument de sa conquête qui lui en promet d'autres, à détruire sa loi militaire qui a fait sa force et doit lui ouvrir les ports de la Baltique ? Et si elle y consentait, exécuterait-elle la convention ? Comment s'en assurer ? Tandis que les autres puissances y resteraient fidèles, elle resterait seule armée pour mieux les surprendre et marcher à ses détestables fins !... Et la Russie, qui a un pied en Europe, un pied en Asie, et qui pèse de tout son poids sur l'une et sur l'autre, malgré la résistance qu'elle a rencontrée, va-t-elle bien tenir ce loyal langage à l'aréopage des nations : Vous vous méprenez sur mes sentiments. Je ne soupire qu'après le bonheur de l'humanité ! Mon empire ne s'étend-il pas déjà trop ? Qu'ai-je besoin d'en étendre les glorieuses limites ? Défiez-vous moins de moi, le monde sera plus tranquille !

Le reste de l'Europe viendrait-il à se coaliser contre les deux formidables puissances que leur fatal destin pousse à la conquête, qu'arriverait-il ? S'il se coalisait contre la Prusse seule, la Russie, comprenant bien que c'est elle aussi qu'on attaque, resterait-elle passive spectatrice de cette lutte ? et, pouvant réunir tant de forces sous leurs drapeaux, serait-on sûr de les vaincre ? Tant que Bismark remplira les cours de ses infernales intrigues, on peut être certain de ne pouvoir jamais s'entendre.

Ainsi point d'illusions : il nous faut rester armés. Nous croyions marcher vers la paix générale, nous marchons vers la guerre sans fin. O dix-neuvième siècle, si beau à ta naissance, si fier, si lumineux, si grand, si plein de merveilles à ton milieu, qui promettais tant de choses à la philosophie ! assombris-toi, couvre-toi de deuil, et en attendant que la terre promise, qui fuit maintenant nos regards attristés, reparaisse, noie-toi, noie-toi dans le sang !...

Mais l'humanité ne peut périr ; l'heure de sa fin suprême est encore loin dans les décrets éternels. Il faut que ses destinées s'accomplissent. La guerre n'est plus qu'une œuvre de destruction. Français et Allemands se seraient-ils entre-tués comme ils l'ont fait depuis six mois sans trois hommes qui ont allumé leur colère par le mensonge? Ils savent bien les distractions que les préoccupations guerrières apportent aux idées généreuses, les potentats de la terre! Il y avait en Allemagne un courant d'idées libérales soigneusement entretenu par les hommes éclairés de ce pays. Depuis cette fatale guerre, aveuglés par l'éclat de victoires inespérées, ils l'ont délaissé, et maintenant il coule tristement sur un sol ingrat.

Rassurons-nous cependant : ces résistances, ces calculs d'oppression, cette soif de gloire insensée vont finir..., vont finir par la liberté. C'est elle qui est appelée à régénérer le monde, à faire tomber les dernières barrières qui séparent les peuples, et à réaliser enfin ces grandes et consolantes paroles par lesquelles nous avons commencé. *Tous les hommes sont frères !*

Lyon. — Imprimerie de Félix Girand, rue St-Dominique, 13.